Tomates je vous aime...

Mireille Gayet
Valérie Gaudant
Nathalie Gaudant

Joyeux Anniversaire
28 ans et quelques tomates qui s'aiment et ce n'est pas les seules
Juliette & JC

Illustrations Mireille Gayet

04340 Méolans-Revel

ISBN 2-911328-13-2

Sommaire

Mise en bouche

Pomodoro, " pomme d'or ". Avec un nom aussi enchanteur, la tomate ne peut que séduire. Pourtant, elle a mis longtemps à s'imposer sur nos tables. Il est vrai que, lorsqu'on est cousine de la terrible mandragore, l'héritage est lourd à porter.

Elle est née en Amérique du Sud, probablement au Pérou, où les natifs la connaissaient bien et la consommaient déjà abondamment. Rouge, orange, jaune et même blanche, lisse ou côtelée, ronde ou allongée, les Incas avaient déjà sélectionné de nombreuses variétés. Elle fut rapportée en Europe, au XVIe siècle, par les conquérants espagnols pour être cultivée dans les jardins de monastères comme curiosité venue du Nouveau Monde. Elle voyagea ensuite d'Espagne au Maroc puis, de là, en Italie ou cette " pomme des Maures ", comme on l'appelait alors, à vague forme de cœur, se transforma en " pomme d'amour " que les Italiens, en fins cuisiniers, eurent vite fait d'adopter. Elle fit son entrée dans nos potagers à la fin du XIXe siècle. Très vite, elle migra dans tous les continents pour nous revenir d'Amérique du Nord sous forme de ketchup universellement connu. Mais est-ce sa plus belle réussite ?

Les qualités gustatives des tomates ne sont plus à prouver. Crues en salade, arrosées d'un simple filet d'huile d'olive, cuites au four, farcies ou gratinées, elles se prêtent aux conserves, séchées ou non, bref ces fruits, car ce sont bien des fruits au même titre que pommes ou cerises, s'accommodent... à toutes les sauces. Il est évident que ce recueil ne concerne que les recettes dont les tomates sont les éléments princiers. Celles-ci peuvent accompagner des centaines de plats de viandes, poissons, pâtes ou légumes, et qui ne sont pas mentionnés ici.

Si plus de deux cents variétés de tomates sont reconnues, seules quelques-unes se retrouvent sur nos étals. Bien sûr, on les trouve maintenant, grâce à la culture en serre, tous les mois de l'année mais la tomate se déguste vraiment en été et à l'automne quand elle a poussé à l'air libre. Toutes peuvent être utilisées indifféremment dans les diverses recettes, mais certains plats s'accommodent mieux de certaines tomates.

La tomate **cœur-de-bœuf** ou la **tomate steak**, grosse et côtelée, est idéale pour être farcie. Elle a aussi la particularité d'avoir peu de graines et permet des purées succulentes.

La tomate **côtelée** rustique, un peu aplatie, plus petite que la cœur-de-bœuf, autorise les farces mais aussi les soupes ou le jus.

La tomate **ronde**, que l'on retrouve aussi très souvent en grappe, plus croquante, est la reine des salades.

L'**olivette**, plus petite et allongée, est délicieuse également en salade, mais convient parfaitement aux pizzas ou aux tartes. Elle est la tomate idéale des brochettes.

La **tomate cocktail**, dite encore tomate cerise, se retrouve à l'apéritif ou dans les buffets. Il existe aussi, peut-être moins sucrée et moins goûteuse que la précédente, des tomates cocktail jaunes en forme de poire.

La tomate verte peut se rencontrer sur les étals de marché mais aussi en fin de saison dans nos potagers. Elle est à consommer avec modération car elle contient de la solanine, substance toxique qui disparaît avec la maturité du fruit ou une addition de sucre (une simple tache orange sur un fruit vert suffit à faire baisser considérablement ce taux de solanine). Ne soyez pas inquiets, vous pouvez vous offrir une salade de tomates vertes de temps en temps si vous adorez cela, vous ne risquerez rien. Quant aux confitures, l'ajout de sucre réduit très fortement ce taux.

Sauf renseignement contraire, les recettes sont toujours prévues pour quatre personnes ou, pour les tomates farcies, pour quatre belles tomates.

Quelques abréviations sont utilisées :

- bqt = bouquet ;
- cc = cuillerée à café ;
- cs = cuillerée à soupe ;
- kg = kilo ;
- l = litre ;
- pte = pointe ;
- g = gramme
- dl = décilitre
- cl = centilitre

Quelques éléments de base se retrouveront régulièrement dans les recettes : tomates pelées et épépinées, coulis et purée. Nous indiquons ici leur préparation afin de ne pas alourdir les textes.

Pour peler les tomates :

Plonger les tomates 2 min dans de l'eau bouillante (4 min si les tomates sont vertes). La peau se retire alors très facilement.

Pour épépiner les tomates :

Une fois les tomates pelées, les couper en deux diamétralement. Les presser doucement. Retirer les dernières graines avec une petite cuillère.

Coulis à l'ail

- 500 g de tomates
- 5 gousses d'ail
- huile d'olive

Peler les tomates, les épépiner et les concasser. Blanchir les gousses d'ail 2 min dans de l'eau bouillante salée. Eplucher les gousses. Mixer la pulpe fraîche de tomates avec l'ail blanchi dans sa peau. Ajouter un filet d'huile d'olive.

Coulis nature

- 500 g de tomates ▪ huile d'olive ▪ 1 oignon ▪ basilic, thym (facultatif) ▪ 1 cc de sucre roux

Peler les tomates, les épépiner et les concasser. Emincer finement l'oignon et le faire revenir dans un filet d'huile, puis ajouter les tomates. Saler. Poivrer. Ajouter le sucre et laisser cuire 30 min à feu doux. Passer au moulin à légumes, grille fine. Ajouter 1 cuillerée à soupe d'huile d'olive. Lors de la cuisson, des feuilles de basilic ou de thym finement ciselées peuvent être ajoutées puis mixer avec la pulpe.

Purée de tomates

- 500 g de tomates ▪ 1 œuf ▪ 1 bqt de persil plat ▪ 1 clou de girofle ▪ 1 feuille de laurier ▪ qqs brins de thym ▪ piment de Cayenne ou paprika ▪ 3 cs d'huile d'olive

Peler les tomates. Les concasser grossièrement et les faire cuire dans un faitout avec le clou de girofle, le laurier, une branche de persil, le thym, le piment de Cayenne ou le paprika au goût. Cuire à feu modéré à découvert en remuant régulièrement, pendant 20 min. Ne pas dessécher la purée. Pendant ce temps, faire cuire l'œuf dur. Piler le jaune. Mélanger la purée de tomates tiède à l'œuf. Laisser refroidir. Saler. Incorporer l'huile d'olive.

Sauce majorquine

Cuisson : 15 min

- 500 g de tomates mûres
- 1 poivron rouge
- 4 gousses d'ail
- 1 tranche de pain rassis
- 3 cs de poudre d'amandes
- 50 g de noisettes grillées
- 50 g de pignons de pin
- 1 petit bqt de persil plat
- 1 cs de vinaigre de vin
- 1/2 cc de paprika
- piment de Cayenne en poudre
- 15 cl d'huile d'olive

Peler tomates et poivrons (mettre ces derniers sous le gril pendant 10 min en les retournant). Les couper en morceaux et les épépiner.

Faire revenir la tranche de pain à la poêle dans de l'huile d'olive, sur les deux faces, puis la détailler en petits dés.

Mélanger tomates, poivrons, ail, pain, poudre d'amandes, noisettes, pignons de pin et persil ciselé. Mixer quelques secondes puis incorporer peu à peu le reste d'huile et le vinaigre. Saler, poivrer. Ajouter paprika et piment pour relever fortement la sauce.

S'utilise sur poissons ou viandes grillés.

Beurre blanc de tomates

Cuisson : 20 min

- 500 g de tomates
- 1 gousse d'ail
- 2 cs de sucre roux
- 1 cc de vinaigre balsamique
- 25 g de beurre
- 2 cs de crème
- qqs feuilles de basilic

Peler les tomates, les épépiner et les concasser. Ajouter l'ail épluché et écrasé et le sucre. Mixer. Porter à ébullition quelques minutes. Filtrer. Réduire ensuite à feu moyen pour obtenir environ 20 cl de liquide.

Ajouter le vinaigre puis le beurre en petits morceaux en battant au fouet. Saler, poivrer. Ajouter la crème préalablement battue et, au moment de servir, le basilic finement ciselé.

Accompagne des filets de poissons.

Sauce à l'avocat *(Mexique)*

- 500 g de tomates
- 1 avocat bien mûr
- 1 citron vert
- 2 échalotes
- 1 gousse d'ail
- 1 petit bqt de persil
- 2 cs de crème fraîche
- 1 pincée de piment chili en poudre

Peler les tomates, les épépiner et les concasser grossièrement.

Emincer finement ail et échalotes. Ciseler le persil.

Couper la chair de l'avocat en petits dés. Presser le jus du citron.

Mélanger tous les ingrédients et mixer.

A servir pour accompagner des chips.

Sauce romesco

Cuisson : 20 min

- 500 g de tomates
- 3 gousses d'ail
- 1 poivron rouge
- 1 petit piment rouge
- 1 dl de vinaigre
- 2 dl d'huile d'olive

Couper le poivron épépiné en quartiers. Le faire revenir à feu vif 5 min dans l'huile. Ajouter 1 dl d'eau et laisser cuire.

Peler les tomates et les concasser. Les faire revenir dans l'huile.

Mélanger les tomates, le poivron.

Mixer. Ajouter l'ail et le piment écrasés, le vinaigre et un décilitre d'huile. Saler.

Sauce sévillane

- 125 g de purée épaisse de tomates
- 2 jaunes d'œufs
- 1 petit bqt de persil
- ¼ de piment frais
- zeste de citron
- huile d'olive

Préparer une mayonnaise avec le jaune d'œuf et l'huile.

Saler, poivrer. Hacher finement le piment et effeuiller le persil.

Ajouter à la mayonnaise la purée de tomates, le piment, le persil et le zeste de citron. Mélanger. Réserver au frais.

Accompagne viandes et poissons froids.

Sauce paysanne

Cuisson : 25 min

- 500 g de tomates
- 1 oignon
- 1 carotte
- 1 gousse d'ail
- 50 g de petit salé ou de jambon
- 1 petit bqt de thym
- 2 feuilles de laurier
- 1 cs d'huile d'olive
- 1 cs de farine ou de maïzena
- ¼ l de bouillon de bœuf

Faire revenir à feu doux, pendant 4-5 min, dans l'huile d'olive, la carotte coupée en très petits dés, l'oignon finement haché et les morceaux de petit salé.

Peler les tomates. Les couper en morceaux.

Ajouter l'ail écrasé, le laurier et le thym.

Saler, poivrer.

Couvrir la casserole et faire réduire l'eau des tomates.

Ajouter le bouillon et la farine ou la maïzena préalablement délayée.

Faire revenir 25 min. Passer au chinois.

Compote de tomates aux olives
(Italie)

Cuisson : 15 min

- 500 g de tomates
- 12 olives noires dénoyautées
- 1 gousse d'ail
- 1/2 cc d'origan
- 2 cs de sucre roux
- huile d'olive

Peler les tomates, les épépiner et les concasser grossièrement.

Hacher les olives. Presser l'ail. Mélanger tomates, olives et ail.

Faire revenir 15 min. Mixer.

Saler, poivrer. Sucrer.

Servir sur des escalopes de veau sur lesquelles on aura fait fondre des rondelles de mozzarella. Saupoudrer d'origan.

Sauce à la romaine

Cuisson : 35 min

- 500 g de tomates
- 2 oignons
- 2 gousses d'ail
- 50 g de lard fumé maigre
- 2 cs d'huile d'olive
- 1 bqt garni

Peler les tomates. Les épépiner et les concasser.

Faire blondir l'oignon émincé avec l'ail écrasé et le lard coupé en petits dés. Ajouter les tomates et le bouquet garni.

Assaisonner et laisser mijoter 30 min.

Sauce tomate lacto-fermentée *(Inde)*

Attente : 12 jours

- 1 kg de tomates
- 1 petit oignon
- 1/2 petit bqt de thym
- 1/2 petit bqt d'origan
- 1 feuille de laurier
- 60 g de sel
- 10 feuilles de basilic frais
- 1 pot en grès

Laver et couper les tomates en deux. Les disposer dans un pot en grès en alternant avec les oignons finement émincés, le thym, le basilic et l'origan. Saler légèrement chaque couche. Laisser fermenter 8 jours. Passer au moulin à légumes pour éliminer graines et peaux.

Verser la purée dans un linge propre que l'on suspendra environ 3 jours au-dessus d'un récipient.

Mettre la purée bien sèche dans des récipients en verre.

Sert d'accompagnement aux pâtes qu'il ne faut pas saler.

Sauce tomate-céleri

Attente : 1 h

- 500 g de tomates
- 1 petit oignon
- 1 carotte
- 1 branche de céleri
- 1 cc de sucre
- basilic ou persil (décoration)

Peler les tomates, les égrainer et les couper en morceaux. Les mettre dans un faitout avec l'oignon et la carotte coupés en julienne, le céleri haché et le sucre. Saler, poivrer.

Laisser mijoter 30 min. Pour obtenir une sauce plus épaisse, faire bouillir jusqu'à l'épaisseur désirée.

Ajouter les herbes au moment de servir.

Rougail de tomates

- 500 g de tomates
- 2 oignons
- 20 piments marins verts
- 2 cs d'huile d'olive
- 20 g de sel
- gingembre râpé ou coriandre fraîche

Piler les piments avec le sel.

Peler les tomates. Les épépiner et les couper en petits dés.

Emincer très finement l'oignon.

Mélanger tomates, piments et oignons. Bien écraser l'ensemble. Verser l'huile et bien mélanger.

Ajouter ou non le gingembre râpé ou la coriandre finement ciselée.

Accompagne les plats de viandes ou de poissons.

Salsa fresque *(Mexique)*

Attente : 30 min

- 500 g de tomates fermes
- 2 oignons
- 2 gousses d'ail
- 2 petits piments rouges
- 2 cc de jus de citron
- qqs feuilles de coriandre
- huile d'olive

Peler la tomate. L'épépiner et la détailler en très petits dés. Emincer finement l'oignon et ciseler la coriandre. Hacher l'ail et le piment. Les faire revenir rapidement dans un peu d'huile d'olive. Bien mélanger l'ensemble dans un récipient avec le jus de citron et une pincée de sel. Laisser macérer au frais au moins 30 min avant de servir.
Cette « sauce fraîche » ou « sauce crue » s'utilise au Mexique pour relever tous les plats.

Bloody Mary

- 4 petits verres de vodka
- 4 verres de jus de tomates
- 4 cc de jus de citron vert
- 4 tranches de citron vert (garniture)
- 1 trait de sauce Worcester
- paprika doux
- glaçons

Mélanger tous les ingrédients (vodka, jus de tomates, jus de citron et sauce Worcester).

Saler. Ajouter les glaçons.

Saupoudrer d'un peu de paprika.

Echancrer les tranches de citron et les placer à cheval sur le bord du verre.

Lait à la tomate

- 2 verres de lait
- 2 verres de jus de tomates
- 4 cs de crème fraîche
- 2 cc de persil haché
- 2 cc de ciboulette hachée

Mélanger le lait et le jus de tomates.

Saler, poivrer.

Mettre au frais.

Battre la crème fraîche et la déposer sur le lait à la tomate.

Parsemer de persil et de ciboulette et servir.

Jus de tomates arlequin

- 1 kg de tomates
- 1 poivron rouge
- 12 feuilles de coriandre
- 4 feuilles de céleri

Peler le poivron après l'avoir placé 15 min sous la grille du four.

L'épépiner et le couper en morceaux.

Peler les tomates, les concasser.

Mixer tomates, poivron, feuilles de coriandre et de céleri.

Passer au mixer puis au chinois et réserver au frais.

Si vous possédez une centrifugeuse, il suffit d'extraire le jus des légumes sans les peler.

Thé glacé à la tomate

Cuisson : 20 min - Attente : 2 h
Pour 6 personnes

- 2 verres de jus de tomates
- 2 verres de thé vert glacé
- 2 verres de bouillon de légumes (1 carotte, 1 petit poireau, 1 pomme de terre, 1 oignon, 1 bqt garni, 1 gousse d'ail)
- 1 citron vert
- glace pilée (8 glaçons)
- tabasco

Préparer un bouillon de légumes en faisant cuire 20 min les légumes dans de l'eau salée. Filtrer le bouillon. Laisser refroidir.

Préparer le thé et le laisser refroidir puis mettre le bouillon et le thé 2 h au réfrigérateur.

Mettre la glace pilée dans les verres.

Mélanger le jus de tomates, le bouillon de légumes et le thé vert.

Saler, poivrer.

Ajouter quelques gouttes de tabasco et verser sur la glace pilée.

Garnir d'une tranche de citron vert et servir aussitôt.

Jus de tomates au radis noir

- 1 kg de tomates
- 1 radis noir
- 1 citron

Peler les tomates et les concasser sans les épépiner.

Eplucher le radis noir et le couper en petits morceaux.

Mixer les deux légumes ensemble et passer au tamis (ou passer les légumes à la centrifugeuse).

Saler, poivrer. Réserver au frais.

Méli-mélo de légumes

- 500 g de tomates
- 100 g de carottes
- 50 g de céleri rave
- 1 citron

Peler les tomates et les couper grossièrement en morceaux.

Emincer carottes et céleri. Presser le jus du citron.

Mélanger les légumes, les mixer et les passer au chinois (ou les passer à la centrifugeuse).

Ajouter 5 centilitres d'eau et le jus de citron.

Saler, poivrer.

Servir frais.

Tomates confites

Cuisson : 1 h 30

- 1 kg de tomates olivettes
- papier sulfurisé
- 1/2 cc d'herbes de Provence
- 4 cc de sucre roux

Couper les tomates en rondelles de 5 millimètres d'épaisseur environ.

Les poser sur une plaque antiadhésive ou sur du papier sulfurisé.

Saler, poivrer. Saupoudrer de sucre.

Faire cuire 1 h 30 au four, thermostat 3 (90°).

Les conserver au frais, dans de l'huile d'olive nature ou parfumée aux herbes.

Tapenade de tomates séchées

- 20 tomates séchées
- 2 cs de câpres
- 50 g d'olives noires dénoyautées
- huile d'olive

Hacher les tomates et couper les olives en morceaux.

Mélanger tomates, olives et câpres. Mixer. Poivrer. Ne pas saler.

Ajouter l'huile d'olive en mixant rapidement une seconde fois.

Réserver au frais.

Servir sur des rondelles de baguettes grillées.

Chips de tomates
(Texas)

Cuisson : 3 h

- 1 kg de tomates olivettes bien fermes
- paprika doux ou piquant
- papier sulfurisé

Couper les tomates en rondelles de 2 millimètres d'épaisseur. Les ranger sur le papier de cuisson au four.

Saupoudrer de paprika doux ou piquant selon le goût.

Faire cuire 3 h au four, thermostat 3-4 (100°).

Se conserve au sec dans une boîte hermétique.

Toast au jambon
et à la tomate *(Brésil)*

Cuisson : 10 min

- 50 g de purée de tomates
- 100 g de jambon haché
- 50 de fromage râpé (emmental)
- 1 cc de moutarde à l'ancienne
- 10 tranches de pain

Faire griller le pain sur les deux faces et enlever la croûte.

Mélanger tous les autres ingrédients.

Etaler le mélange et faire cuire à four chaud (thermostat 8 ou 240°) une dizaine de minutes.

Servir aussitôt.

Canapés aux tomates et poivrons *(Maroc)*

Cuisson : 20 min

- 250 g de tomates
- 1 poivron
- 1 gousse d'ail
- 1/2 piment rouge
- huile d'olive
- 12 toasts de pain de mie

Mettre les poivrons sous le gril pour faire boursoufler la peau. Les peler et les égrainer. Peler les tomates, les épépiner. Couper poivrons et tomates en morceaux et les faire cuire à l'huile à feu modéré (environ 20 min).

Egoutter pour enlever la graisse. Piler l'ensemble avec l'ail. Saler, poivrer. Ajouter une pointe de piment et une cuillerée d'huile d'olive. Réduire en purée. Servir froid sur canapé de pain de mie.

Mini-bruschetta au jambon de Parme *(Italie)*

Cuisson : 10 min
Attente : 20 min

- 400 g de tomates
- 4 tranches de pain de campagne
- 1 gousse d'ail
- 4 fines tranches de jambon de Parme
- 4 cs d'huile d'olive
- 1 bqt de basilic

Peler les tomates, les épépiner. Les saler et les faire dégorger 20 min. Les couper en petits dés. Ajouter le basilic et un filet d'huile d'olive. Saler, poivrer.

Faire dorer les tranches de pain 10 min au four, thermostat 6 (180°). Les frotter à l'ail et les badigeonner d'un filet d'huile d'olive.

Garnir les tartines du concassé de tomates et des tranches de jambon.

Servir aussitôt.

Mini-bruschetta dolce-vita
(Italie)

Cuisson : 20 min
Attente : 20 min

- 400 g de tomates
- 4 tranches de pain de campagne
- 150 g de mozzarella
- 4 cs d'huile d'olive
- 1 cc d'origan
- 1 petit oignon
- 12 olives noires
- 1 petit bqt de basilic
- huile pimentée

Peler les tomates et les épépiner. Les saler et les faire dégorger 20 min. Les couper en petits dés. Ajouter le basilic et un filet d'huile d'olive. Saler, poivrer.

Faire revenir quelques minutes les oignons coupés en rondelles dans de l'huile d'olive. Ajouter les tomates concassées.

Saler, poivrer. Faire cuire 15 min.

Faire dorer les tranches de pain 5 min au four, thermostat 6 (180°). Les frotter à l'ail et les badigeonner d'un filet d'huile d'olive.

Garnir les tartines du concassé de tomates aux oignons, de rondelles de mozzarella et d'olives. Arroser d'un filet d'huile.

Mettre à four chaud 3 min.

Servir aussitôt avec de l'huile pimentée.

Consommé glacé de tomates au gingembre

Cuisson : 55 min

- 800 g de tomates
- 1 blanc de poireau
- 1 oignon, 1 échalote
- 1 gousse d'ail
- 1/2 cc de gingembre râpé
- 1 pincée de muscade
- 1 yaourt bulgare
- 1 petit bqt de ciboulette
- huile d'olive

Emincer finement le blanc de poireau, l'ail, l'oignon, l'échalote et les faire étuver 10 min dans l'huile d'olive et 4 cuillerées à soupe d'eau.

Ajouter les tomates pelées et concassées. Recouvrir aux trois quarts d'eau bouillante et faire cuire à couvert 45 min.

Saupoudrer de muscade et de gingembre.

Lier avec le yaourt et parsemer de ciboulette ciselée.

Servir frais.

Gazpacho andalou
(Espagne)

Attente : 2 h pour la soupe

- 500 g de tomates
- 1 poivron
- 1 concombre
- 100 g de mie de pain blanc
- 1 pointe d'ail
- 2 cs de mayonnaise
- ¾ l de bouillon de bœuf
- 3 cs de vinaigre de vin
- ¼ cc de graines de cumin

Pour la garniture

- 1 poivron
- 2 petites tomates rouges
- 1 petit concombre
- 1 oignon
- 50 g de pain

Laver tomates, concombre et poivron. Ne pas les peler.

Passer à la centrifugeuse ou mixer longuement.

Ajouter la mie de pain. Réserver au frais 2 h.

Piler les graines de cumin et l'ail et les mélanger à la sauce mayonnaise et au vinaigre.

Les ajouter à la préparation précédente ainsi que le bouillon. Mélanger le tout. Rectifier l'assaisonnement et passer dans un chinois en pressant fortement les ingrédients. La soupe doit avoir une consistance crémeuse. Réserver au frais.

Préparer la garniture en découpant tous les ingrédients (poivron, tomates, concombre et oignon) en très petits dés.

Couper le pain en petits croûtons ou dés. Les faire légèrement griller sans prendre couleur. Remuer la soupe car elle forme un dépôt.

Servir le gazpacho accompagné des garnitures présentées dans des récipients séparés.

Potage glacé
à la casserole

Cuisson : 20 min
Attente : 2 h

- 800 g de tomates
- 1 concombre
- 50 g de cerneaux de noix
- 1 oignon
- 1 yaourt
- 1 gousse d'ail, 1 bqt de persil
- 1 feuille de laurier
- 2 cs d'huile d'olive
- 1 pincée de sucre, qqs feuilles de menthe

Réserver quelques tranches de concombre.

Peler le concombre et le découper en petits cubes.

Peler les tomates. Les épépiner et les concasser.

Ciseler le persil.

Faire dorer l'oignon finement haché dans l'huile d'olive.

Ajouter le concombre, les tomates, l'ail écrasé, le persil, le laurier, le sucre et 25 cl d'eau.

Saler, poivrer. Couvrir et faire mijoter à feu doux 20 min.

Mixer le potage et le passer au travers d'un chinois.
Après refroidissement, réserver au frais 2 h.

Au moment de servir, ajouter un yaourt puis les noix râpées.

Décorer de rondelles de concombre et de feuilles de menthe.

Soupe de tomates en coupe de melon cantaloup

Attente : 2 h

- 500 g de tomates
- 4 petits melons (cantaloup)
- 1/2 citron
- 10 feuilles de basilic
- 2 cs d'huile d'olive

Découper un chapeau à chaque melon en crantant légèrement le tour. Les évider de leurs graines et filaments. Découper leur chair en petits dés.

Envelopper les melons évidés de papier aluminium et les réserver au réfrigérateur.

Peler les tomates, les épépiner et les concasser, puis les mixer en purée. Ajouter l'huile d'olive et le jus du citron.

Ajouter les dés de melons, la moitié des feuilles de basilic finement émincées et 4 glaçons. Réserver 2 h au réfrigérateur.

Au moment de servir, répartir la soupe dans les coques de melons. Garnir de feuilles de basilic.

Velouté glacé de tomates au citron vert

Attente : 1 h

- 1 kg de tomates
- 1 rhizome de gingembre (3 cm)
- 2 gousses d'ail
- 2 citrons verts
- 5 cl d'huile d'olive
- 4 cs de crème fraîche épaisse
- tabasco et basilic (décoration)

Peler les tomates, les épépiner et les mixer. Ajouter le gingembre, les gousses d'ail écrasées, l'huile d'olive, les jus des citrons et le tabasco. Saler. Mixer à nouveau et réserver au frais une heure environ.

Répartir le velouté dans des coupes individuelles. Garnir le centre d'une grosse cuillère de crème fraîche et décorer avec du basilic.

Soupe froide à la tomate
(Mexique)

Attente : 6 h

- 1 l de jus de tomates
- 3 cs d'huile d'olive
- 3 cs de vinaigre de vin doux
- 1 tomate
- 1 concombre
- 1 gousse d'ail
- 1 tige de céleri branche
- 1/2 oignon
- 1 boîte de piments verts doux (*Whole Green chilies*)
- qqs feuilles de persil
- croûtons frits

Dans une soupière ou un grand saladier, verser le jus de tomates, l'huile et le vinaigre. Mélanger.

Peler la tomate et l'épépiner.

Eplucher le concombre.

Couper tous les légumes en fine julienne. Ecraser la gousse d'ail.

Tout ajouter au jus de tomates.

Mélanger. Rectifier l'assaisonnement.

Réserver au frais 6 h.

Servir avec des croûtons frits nature.

Velouté provençal

Cuisson : 50 min

- 500 g de tomates
- 1,5 l de bouillon de volaille
- 3 brins de céleri
- 80 g de tapioca
- 1 œuf
- 1 petit bulbe de fenouil
- 1 brin de thym
- 1 feuille de laurier
- 10 feuilles de basilic
- 5 cs d'huile d'olive

Couper céleri et fenouil en morceaux. Les jeter dans le bouillon de volaille avec thym, laurier et basilic. Faire bouillir 10 min puis laisser infuser dix autres minutes.

Peler les tomates, les épépiner et les concasser.

Les faire revenir à l'huile pendant 15 min environ.

Saler, poivrer.

Passer le bouillon au travers d'un chinois sur les tomates.

Porter à ébullition, puis jeter en pluie le tapioca.

Cuire 15 min à feu doux.

Pendant ce temps, écraser l'ail épluché et bien le mélanger au basilic finement ciselé. Ajouter l'œuf et verser l'huile petit à petit.

Délayer avec un peu de bouillon chaud et verser l'ensemble dans une soupière.

Parsemer de feuilles de basilic hachées.

Soupe de tomates
à l'estragon

Cuisson : 25 min

- 500 g de tomates
- 1 gousse d'ail
- 1 petit oignon
- 3 cs d'estragon ciselé
- 2 branches de thym
- 1/2 branche de céleri
- zeste 1/2 orange
- 1 cc de sucre roux
- 1/2 l d'eau
- 2 verres de vin blanc sec
- 3 cs de crème fraîche
- 50 g de beurre

Peler les tomates. Les épépiner et concasser la chair.

Faire revenir le céleri, l'oignon et l'ail hachés dans 25 g de beurre.

Ajouter les tomates, le vin, l'eau, le thym, le zeste d'orange, le sucre et une cuillerée à soupe d'estragon. Saler, poivrer. Porter à ébullition puis couvrir et laisser cuire 25 min à feu doux.

Enlever le zeste. Mixer et vérifier l'assaisonnement.

Ajouter une deuxième cuillerée d'estragon.

Réchauffer en ajoutant le restant du beurre et, au moment de servir, la crème fraîche et la dernière cuillerée d'estragon.

Potage d'aubergines à la tomate
(Brésil)

Cuisson : 30 min
Attente : 30 min

- 250 g de tomates
- 1 aubergine
- 1 poivron vert
- 2 gousses d'ail
- 1 bqt de ciboulette
- 1/2 l de bouillon de volaille
- 30 g de parmesan râpé
- huile d'olive

Eplucher l'aubergine et la saupoudrer de sel.

Laisser égoutter pendant 30 min puis la presser pour éliminer l'eau.

Peler les tomates. Les épépiner.

Les saler et les laisser dégorger 15 min.

Dans un faitout, faire revenir l'ail pilé et la ciboulette ciselée dans l'huile.

Ajouter l'aubergine coupée en petits dés et le poivron et laisser revenir pendant 5 min environ.

Incorporer les tomates. Saler, poivrer.

Mouiller avec le bouillon de poule.

Faire cuire à feu doux pendant 15 min.

Les légumes doivent être tendres.

Saupoudrer de parmesan.

Tourin à la tomate

Cuisson : 30 min

- 750 g de tomates
- 2 oignons
- 1 carotte
- 1 grosse pomme de terre
- 2 ailerons de canard confit
- 2 morceaux de sucre
- persil ou cerfeuil

Faire revenir les oignons finement hachés dans de la graisse de canard. Peler les tomates. Les épépiner et les couper en morceaux. Les ajouter aux oignons ainsi que la pomme de terre coupée en dés, l'ail, le sucre et les ailerons de canard. Saler, poivrer. Couvrir avec un litre d'eau et laisser cuire une heure. Retirer les ailerons. Mixer et passer au tamis.

Saupoudrer de persil haché ou de cerfeuil et servir.

Potage corse aux tomates

Cuisson : 40 min

- 600 g de tomates
- 2 oignons
- 3 gousses d'ail
- 60 g de riz
- 2 l de bouillon (volaille ou bœuf)
- 60 g de beurre
- 100 g de gruyère râpé
- 10 feuilles de basilic

Faire dorer au beurre les oignons finement hachés et l'ail écrasé. Ajouter les tomates pelées, épépinées et concassées. Cuire quelques minutes et réduire en purée.

Verser le bouillon sur les tomates et porter à ébullition. Jeter le riz en pluie. Poivrer, saler. Laisser mijoter le temps de cuisson du riz (environ 20 min).

Servir très chaud avec le gruyère râpé et le basilic ciselé.

Gelée de tomates
à la vénitienne

Cuisson : 30 min
Attente : 3 h

- 1 kg de tomates bien mûres
- 3 gousses d'ail
- 1 bqt de basilic
- 10 cl d'huile d'olive fruitée
- 3 feuilles de gélatine
- croûtons de pain aillés

Peler les tomates, les épépiner et les concasser.

Faire ramollir les feuilles de gélatine dans de l'eau froide.

Ciseler le basilic.

Hacher finement l'ail.

Chauffer 2 cuillerées à soupe d'huile d'olive. Ajouter le basilic, l'ail haché et les tomates.

Saler, poivrer.

Faire cuire doucement 30 min en remuant de temps en temps.

Mixer. Ajouter les feuilles de gélatine égouttées et les faire fondre en remuant.

Huiler quatre ramequins.

Garnir avec la préparation et faire prendre au réfrigérateur 3 h.

Démouler avant de servir.

Arroser d'huile d'olive et servir avec des croûtons de pain aillés.

Mousse aux tomates et fromage blanc

Attente : 4 h
Pour 6 personnes

- 180 g de crackers
- 600 g de tomates
- 30 g de parmesan râpé
- 90 g de beurre
- 250 g de fromage blanc
- 1,5 dl de yaourt
- 1 petit oignon
- 1 bqt de basilic
- 1 cs de purée de tomates
- 1/2 cc de sucre
- 2 œufs
- 4 feuilles de gélatine
- 1 tomate et qqs feuilles de basilic (décoration)

Passer les crackers au mixeur pour obtenir une poudre grossière.

Faire fondre le beurre et le mélanger à la poudre. Beurrer un moule à fond amovible et étaler la pâte aux doigts. Réserver au frais.

Faire ramollir la gélatine dans de l'eau froide puis la faire fondre dans 3 cuillerées à soupe d'eau. Laisser tiédir hors du feu.

Peler les tomates. Les épépiner. Râper l'oignon.

Effeuiller le basilic. Casser les œufs en séparant les blancs des jaunes.

Mélanger la gélatine, les jaunes d'œufs, le fromage blanc, l'oignon, le yaourt, le basilic haché, la purée de tomates et le sucre.

Saler, poivrer. Mixer pour obtenir une crème lisse. Battre les blancs en neige très ferme. Les incorporer délicatement à la préparation.

Mettre cette préparation dans le moule à manqué.

Remettre au frais 4 h.

Au moment de servir, démouler sur un fond de salade verte.

Garnir de quelques rondelles de tomates et de feuilles de basilic.

Crumble de tomates

Cuisson : 35 min

- 1 kg de tomates
- 250 g d'oignons grelots
- 40 g de sucre roux
- 25 + 75 g de beurre
- 100 g de farine
- 60 g de noisettes
- 1 cc de fleur de sel de Guérande
- huile d'olive

Faire confire les oignons avec le sucre dans 25 g de beurre.

Peler et épépiner les tomates. Les couper en morceaux moyens.

Les faire sauter quelques minutes à la poêle.

Pendant ce temps, mélanger aux doigts les trois quarts du beurre, la farine et les noisettes finement concassées.

Ajouter la fleur de sel.

Disposer les tomates dans quatre raviers individuels allant au four.

Répartir le crumble sur les tomates et faire cuire 35 min au four, thermostat 6-7 (200°).

Servir tiède ou froid.

Méli-mélo de tomates à la mozzarella

- 500 g d'olivettes
- 350 g de mozzarella
- 12 tomates séchées
- 1 cs d'origan ciselé
- qqs feuilles de basilic

Sauce

- 5 cs d'huile d'olive
- 3 cs d'huile des tomates séchées
- 3 cs de vinaigre de vin
- 1/2 gousse d'ail pilée.

Disposer les olivettes coupées en rondelles sur une seule couche, en rosace. Saler, poivrer. Saupoudre d'origan.

Découper la mozzarella en tranches fines. Les disposer en rosace sur les olivettes, intercalées avec des tranches de tomates séchées, égouttées.

Préparer la sauce en mélangeant tous les autres ingrédients.

Verser la sauce et décorer de basilic.

Tomates au calvados

- 800 g de tomates
- 100 g de crème fraîche
- 2 cs de calvados
- 1/2 bqt de cerfeuil
- 1/2 bqt d'estragon

Couper les tomates en rondelles. Saler. Laisser dégorger 15 min.

Egoutter.

Mélanger la crème fraîche au calvados et aux fines herbes finement ciselées.

Verser sur les tomates et servir très frais.

Terrine de tomates à la tapenade

Cuisson : 20 min
Attente : 6 h
Pour 6 personnes

- 1,5 kg de tomates
- 250 g d'olives noires dénoyautées
- 8 filets d'anchois
- 80 g de câpres
- 1 citron
- 5 feuilles de gélatine
- 3 brins de basilic (garniture)
- 25 cl d'huile d'olive

Peler les tomates. Les épépiner et les concasser grossièrement. Les placer dans un saladier avec l'huile d'olive.

Saler, poivrer. Laisser tiédir 15 min au bain-marie dans le saladier.

Réserver environ 50 g d'olives. Préparer la tapenade en mélangeant les autres olives avec les anchois et les câpres.

Mixer légèrement puis verser doucement 15 cl d'huile d'olive en mixant à nouveau.

Faire ramollir les feuilles de gélatine dans de l'eau froide. Les égoutter et les faire fondre dans le jus de citron. Incorporer aux tomates chaudes. Réserver.

Tapisser l'intérieur d'une terrine d'un film étirable.

Disposer sur le fond quelques fragments d'olives et quelques feuilles de basilic. Verser la moitié des tomates et faire prendre au réfrigérateur 15 min environ.

Recouvrir de la tapenade mélangée à quelques fragments d'olives noires. Terminer par les tomates. Réserver 6 h au réfrigérateur.

Démouler et garnir des dernières olives noires, alternées avec des feuilles de basilic.

Servir avec de l'huile pimentée et des tartines de pain grillé.

Tartare de tomates

Cuisson : 1 min
Attente : 1 h

- 750 g de tomates
- 4 artichauts poivrades
- 1 oignon vert
- 1 citron
- 5 brins de coriandre
- 5 brins de persil
- 40 g de parmesan en copeaux
- 2 cc de vinaigre de Xéres
- 3 cs d'huile d'olive

Peler les tomates, les épépiner et les concasser finement.

Ciseler les herbes. Hacher finement l'oignon.

Mélanger le tout dans un saladier. Ajouter le zeste de citron râpé, 2 cuillerées à soupe d'huile et le vinaigre. Saler, poivrer.

Répartir les tomates dans quatre ramequins en tassant.

Réserver au frais une heure.

Nettoyer les artichauts en conservant 2 cm de tige et en coupant les feuilles aux deux tiers. Les sécher puis les couper en fines lamelles, perpendiculairement au cœur.

Les arroser de jus de citron puis de la dernière cuillerée à soupe d'huile d'olive.

Détailler le parmesan en copeaux.

Au moment de servir, démouler les tartares sur des assiettes individuelles, entourés de lamelles d'artichauts.

Parsemer de parmesan et de feuilles de coriandre.

Clafoutis de tomates au thon

Cuisson : 60 min
Attente : 24 h

- 750 g de tomates
- 250 g de thon au naturel
- 4 oignons
- 3 gousses d'ail
- 3 cs de fécule
- 6 œufs
- 1/2 verre de lait
- 1/2 verre d'huile d'olive
- 1 brin de thym
- 1 feuille de laurier
- 1 brin de basilic

Faire blondir les oignons émincés dans un peu d'huile.

Ajouter l'ail finement haché, les tomates pelées, épépinées et concassées, le thym, le laurier et le basilic.

Faire réduire à feu doux.

Saler, poivrer. Battre les œufs en omelette.

Ajouter la fécule délayée dans le lait puis le thon émietté.

Mélanger aux tomates.

Huiler un moule à manqué. Le remplir du mélange.

Faire cuire au bain-marie au four, thermostat 6 (180°), environ 30 min.

Laisser refroidir avant de démouler et attendre 24 h au frais avant de servir.

Omelette aux tomates

Cuisson : 15 min

- 300 g de tomates
- 4 œufs
- 3 cs de beurre fondu
- 1 pincée de sucre
- 1/2 cc d'herbes de Provence
- 4 feuilles de basilic
- 2 gousses d'ail

Peler les tomates. Les couper en tranches épaisses (ce qui les épépine).

Battre les œufs en mousse.

Hacher très finement les feuilles de basilic.

Faire revenir les tranches de tomates avec le basilic haché, sur les deux faces, dans une cuillerée à soupe de beurre fondu.

Ecraser l'ail.

Sucrer, saler, poivrer et saupoudrer les tomates d'ail et d'herbes de Provence.

Faire chauffer une cuillerée à soupe de beurre fondu dans une poêle et y verser les œufs.

Retourner l'omelette dès que les œufs commencent à prendre.

Disposer les tomates sur l'omelette et verser le reste du beurre dessus.

Replier l'omelette et garnir de feuilles de basilic.

Œufs cocotte à la tomate

Cuisson : 15 min

- 300 g de tomates
- 4 œufs
- 4 cc de crème fraîche
- 10 g de beurre
- 1 pincée de curry, qqs brins de ciboulette

Peler les tomates. Les couper en cubes, les placer dans une casserole avec le beurre et un peu de sel. Couvrir et laisser cuire quelques minutes. Egoutter.

Dans quatre ramequins individuels, mettre une demi-cuillerée de crème fraîche, puis casser un œuf. Recouvrir des cubes de tomates et de la crème restante mélangée au curry. Saler, poivrer.

Faire cuire au four, thermostat 5 (150°), le temps de cuisson des œufs.

Saupoudrer de ciboulette hachée avant de servir très chaud.

Tomates aux œufs et oignons *(Espagne)*

Cuisson : 8 min

- 750 g de tomates
- 4 oignons
- 6 œufs
- 1 bqt de persil plat
- 35 g de beurre
- 3 cs de lait, 3 cs d'huile d'olive

Dans une poêle, faire blondir les oignons coupés en rondelles dans un filet d'huile puis les disposer au fond d'un plat à four beurré.

Peler les tomates, les épépiner et les couper en rondelles que l'on disposera sur les oignons.

Hacher finement les feuilles de persil et les mélanger aux œufs battus. Saler, poivrer. Verser sur les tomates.

Mettre au four, thermostat 8 (240°). La cuisson est terminée quand les œufs sont coagulés.

Servir très chaud dans le plat de cuisson.

Soufflé aux tomates

Cuisson : 20 min

- 1,5 kg de tomates
- 6 œufs
- 1 bol de béchamel épaisse
- 1 feuille de laurier
- qqs brins de thym

Préparer un coulis avec les tomates pelées, épépinées et concassées, thym et laurier. Saler, poivrer.

Séparer les jaunes des blancs.

Ajouter au coulis un bol de béchamel épaisse, assaisonnée, et les jaunes d'œufs.

Battre les blancs en neige ferme.

Mélanger doucement les blancs d'œufs au mélange coulis de tomates et béchamel. Verser dans un moule haut beurré.

Cuire 15 min à four doux (thermostat 6 ou 180°) puis 10 min à four chaud (thermostat 8 ou 240°).

Servir aussitôt.

Œufs pochés à la tomate

Cuisson : 8 min

- 500 g de coulis de tomates
- 4 œufs
- 1 cs de vinaigre blanc

Faire épaissir le coulis de tomate. Pocher les œufs 2 min chacun dans de l'eau frémissante additionnée de vinaigre blanc.

Verser la sauce dans un plat. Poser les œufs dessus.

Servir aussitôt.

Tomates et œufs en champignons

Cuisson : 40 min

- 4 petites tomates bien rondes et régulières
- 4 œufs
- 1 botte de cresson
- 8 branches de persil
- 3 cs de mayonnaise

Mettre les œufs à durcir dans de l'eau froide salée. Faire frémir 10 min. Quand ils sont cuits, les passer à l'eau froide et les écaler. Couper les deux extrémités ; l'une pour qu'ils puissent tenir debout, l'autre pour retirer délicatement le jaune (sans casser le blanc).

Couper les tomates en deux diamétralement.

Mélanger les jaunes froids avec la mayonnaise. Ajouter le persil haché. Saler, poivrer.

Garnir le plat de service de cresson. Remplir les blancs d'œufs de mayonnaise. Les disposer verticalement puis poser dessus une demi-tomate pour mimer un champignon. Décorer le chapeau avec quelques pointes de mayonnaise.

Servir très frais avec le reste de mayonnaise.

Tomates surprise

Cuisson : 25 min

- 4 belles tomates
- 4 œufs
- 3 gousses d'ail
- 1 pincée de sucre roux
- 4 cs d'huile d'olive

Couper les tomates en deux diamétralement. Les épépiner et les faire dégorger au sel 15 min.

Dans une grande poêle, faire revenir pendant 20 min les tomates à l'huile. Saler, poivrer. Sucrer.

Casser un œuf dans quatre des demi-tomates. Saler, poivrer. Cuire 6 min dans la poêle et reformer les tomates avant de servir.

Tomates farcies
à la truite

Cuisson : 3 min

- 4 belles tomates
- 200 g de filet de truite fumée
- 80 g d'œufs de truite
- 20 petites asperges vertes
- 2 avocats
- 16 olives noires dénoyautées
- 1 citron
- 1 cc de curcuma
- huile d'olive

Emincer les filets de truite et les avocats.

Couper les olives en morceaux. Peler les tomates.

Cuire les asperges 3 min dans de l'eau bouillante salée.

Réserver 4 petites asperges. Couper les pointes des autres.

Couper un chapeau aux tomates. Enlever la chair.

Saler, poivrer et saupoudrer avec la moitié du curcuma.

Mélanger les dés de truite, d'avocat, les pointes d'asperges et les olives.

Assaisonner avec l'huile d'olive, le jus de citron, le reste du curcuma, sel et poivre.

Farcir les tomates.

Garnir avec une petite asperge et les œufs de truites.

Présenter les chapeaux à côté de chaque tomate.

Tomates farcies vert-blanc-rouge

- 4 belles tomates
- 2 fromages en faisselle
- 1/2 poivron vert
- 1/2 poivron rouge
- 8 feuilles de basilic

Bien égoutter les fromages.

Couper un chapeau aux tomates puis les évider.

Saler légèrement l'intérieur et les retourner sur un linge 15 min environ pour leur faire perdre leur eau.

Epépiner les demi-poivrons et les couper en très petits dés.

Hacher finement les feuilles de basilic.

Mélanger soigneusement les dés de poivrons et le basilic au fromage.

Saler, poivrer. Farcir les tomates de ce mélange.

Remettre les chapeaux. Servir frais.

Tomates farcies au thon

Attente : 1 h

- 4 belles tomates
- 300 g de thon au naturel (boîte)
- 24 câpres
- 1 cc de moutarde à l'ancienne
- 1,5 cc de ketchup épicé
- 1 cc de soja
- 1/2 cc de curry en poudre
- zeste d'un 1/2 citron
- 1 cs d'huile d'olive

Couper un chapeau aux tomates, les creuser, les saler et les retourner sur un plat pour les faire dégorger pendant 15 min.

Rincer les câpres et les sécher.

Emietter le thon et le mélanger avec câpres, moutarde, ketchup, soja, curry, huile d'olive et zeste de citron. Saler, poivrer.

Mixer rapidement pour garder des miettes et non une purée.

Farcir les tomates. Rendre à chacune son chapeau. Réserver au frais 1 h.

Tomates en taboulé
(Liban)

Attente : 1 h

- 4 grosses tomates
- 2 petites tomates
- 120 g de blé concassé
- 3 tiges de ciboule
- 4 petits oignons blancs
- 1 bqt de persil plat
- 1 bqt de menthe
- 3 cs d'huile d'olive
- 1 jus de citron
- qqs feuilles de salade

Faire gonfler le blé concassé une heure dans de l'eau froide.

Couper un chapeau aux grosses tomates.

Les épépiner. Les évider.

Saler légèrement l'intérieur et laisser dégorger 15 min.

Peler les petites tomates. Les épépiner et couper la pulpe en petits dés.

Hacher finement la ciboule, les oignons blancs (avec leur vert), le persil et la menthe.

Bien égoutter et éponger le blé concassé.

Mélanger pulpe de tomates, hachis d'herbes et blé.

Mélanger huile et jus de citron.

Saler, poivrer. Arroser la préparation précédente.

Remuer délicatement.

Farcir les grosses tomates.

Remettre les chapeaux.

Dresser sur un plat de service sur lit de salade verte.

Tomates farcies à la Porto-Vecchiese

- 4 belles tomates
- 4 petits fromages en faisselle
- 4 tiges de ciboule
- 4 tiges de menthe
- 1 petit bqt de persil plat
- 2 tranches de jambon blanc
- 1 cc de paprika
- salade

Bien égoutter les fromages.

Couper le chapeau des tomates.

Les évider.

Les saler et les faire dégorger 15 min.

Ciseler finement toutes les herbes.

Hacher le jambon.

Mélanger fromages, jambon et fines herbes.

Saler, poivrer.

Farcir les tomates.

Dresser sur un lit de salade.

Saupoudrer de paprika.

Présenter les chapeaux à côté de chaque tomate.

Tomates aux crevettes

Attente : 3 h

- 4 belles tomates
- 1 tube de mayonnaise
- 4 filets d'anchois
- 50 g de crevettes roses décortiquées
- 4 olives noires (décoration)
- 4 cornichons
- 1 petite boîte de macédoine
- 1 cs de fines herbes
- 1 cc de câpres
- 1 cs de vinaigre

Découper la partie supérieure des tomates.

Les vider. Saler l'intérieur et laisser dégorger 15 min.

Les égoutter et les arroser avec le vinaigre. Réserver 2 h.

Hacher finement les anchois, les cornichons et les câpres.

Les mélanger à la mayonnaise.

Ajouter les fines herbes, les crevettes et la macédoine.

Farcir les tomates de ce mélange.

Garnir avec l'olive noire au centre de chaque chapeau dont on aura retiré les bractées vertes.

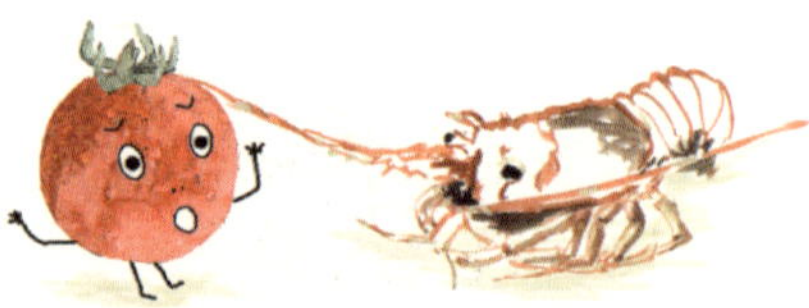

Pour que les tomates n'éclatent pas sans ajouter de matière grasse, verser 3 cuillerées à soupe d'eau ou de sauce au fond du plat.

Tomates farcies aux anchois
(Sicile)

Cuisson : 45 min

- 4 belles tomates
- 12 anchois au sel
- 50 g de câpres
- 250 g de mie de pain rassis
- 2 gousses d'ail
- muscade
- qqs feuilles de basilic
- qqs brins de persil
- huile d'olive

Couper les tomates en deux diamétralement. Les épépiner.

Enlever la chair et la réserver.

Saler l'intérieur des tomates et les faire dégorger 15 min.

Hacher finement ail, persil, câpres, anchois et basilic.

Emietter le pain rassis et le mélanger aux herbes.

Ajouter la pulpe de tomates coupée en petits dés.

Saler, poivrer. Saupoudrer de muscade.

Remplir les demi-tomates de ce mélange.

Arroser d'un filet d'huile.

Faire cuire à four modéré (thermostat 6 ou 180°), pendant 45 min.

Tomates au Mont-d'Or

Cuisson : 45 min

- 4 belles tomates
- 300 g de filet de saumon fumé
- 300 de fromage Mont-d'Or
- 1 petit oignon rouge
- 1 bqt de ciboulette
- 2 cs de vin jaune du Jura
- roquette
- huile d'olive

Couper le chapeau des tomates et ôter délicatement les graines.

Saler légèrement et les faire égoutter 15 min.

Emincer les oignons et ciseler la ciboulette.

Couper le saumon, peau enlevée en très fines et courtes lanières.

Mélanger saumon, oignons et ciboulette.

Ajouter la crème du fromage et le vin jaune. Bien mélanger.

Saler (peu), poivrer.

Ranger les tomates dans un plat à gratin huilé
et les remplir de la préparation au fromage et saumon.

Remettre les chapeaux.

Faire gratiner au four, thermostat 6 (180°), pendant 20 min.

Faire revenir la roquette dans l'huile.

Saler, poivrer.

Servir en accompagnement des tomates.

Tomates farcies aux cèpes

Cuisson : 45 min

- 4 belles tomates
- 200 g de cèpes
- 1 petit bqt de persil
- 50 g de chapelure

Laver les tomates. Couper un chapeau puis les évider. Saler légèrement l'intérieur et les retourner sur un linge 15 min environ pour leur faire perdre leur eau.

Les faire cuire 30 min au four, thermostat 7 (210°).

Nettoyer les cèpes, les couper en morceaux de la taille d'une bouchée. Les faire revenir dans l'huile 7 min. A mi-cuisson, ajouter le persil finement effeuillé. Saler, poivrer.

Egoutter les champignons. En farcir les tomates. Saupoudrer de chapelure et passer au four 15 min.

Tomates farcies aux fines herbes

Cuisson : 45 min

- 4 belles tomates
- 100 g de mie de pain
- 10 cl de lait
- 3 œufs
- 4 cs de fromage en faisselle
- 10 olives noires
- 1 bqt de ciboulette, 1 gousse d'ail, 1 bqt de persil

Tailler un chapeau aux tomates.

Les évider, les saler et les faire égoutter 15 min.

Pendant ce temps, mettre la mie de pain à tremper dans le lait puis la mixer avec les œufs.

Ajouter le fromage blanc, la gousse d'ail écrasée et les herbes finement ciselées. Terminer avec des petits fragments d'olives noires.

Saler, poivrer. Farcir les tomates de cette farce.

Arroser d'huile d'olive et cuire 15 min au four (th. 6-7 ou 200°).

Tomates farcies aux crevettes

Cuisson : 25 min

- 4 belles tomates
- 200 g de crevettes décortiquées
- 4 oignons blancs avec leur tige verte
- 2 cs de persil haché
- 1 gousse d'ail
- 100 g de mie de pain
- 3 cs d'huile d'olive

Découper un chapeau aux tomates. En récupérer la chair et jeter la peau.

Vider les tomates et les épépiner.

Les saler légèrement et les faire égoutter.

Faire revenir 2 min à feu moyen les oignons coupés en rondelles et leur tige en petits tronçons de 2 cm. Ajouter l'ail écrasé.

Faire cuire une minute.

Ajouter le pain fortement émietté, les crevettes, le persil et la chair des tomates. Faire cuire à feu doux sans dessécher la farce (environ 15 min).

En farcir les tomates en faisant dépasser un dôme très bombé.

Faire cuire 7-8 min sous le gril.

Retirer lorsqu'on entend la farce grésiller.

Tomates farcies aux champignons de Paris

Cuisson : 45 min

- 4 belles tomates
- 300 g de champignons de Paris
- 2 échalotes
- 2 gousses d'ail
- 5 cs de basilic effeuillé
- 1 cs d'origan frais
- 1,5 cs de parmesan râpé
- 10 cl de fond de volailles non salé ou de bouillon de légumes

Couper un chapeau aux tomates puis les évider.

Saler l'intérieur des tomates et laisser dégorger 15 min.

Mélanger la pulpe concassée avec la moitié du basilic.

Réserver. Faire revenir les champignons coupés en fines tranches, les échalotes finement hachées, l'ail écrasé, le reste du basilic et l'origan.

Poivrer. Couvrir et faire cuire 2 min à feu moyen puis, à découvert, 8 min à feu vif jusqu'à évaporation du liquide.

Remuer fréquemment.

Faire chauffer le bouillon. L'ajouter aux tomates.

Faire cuire le mélange 3-4 min jusqu'à obtention d'une purée épaisse.

Passer au moulin puis mélanger aux champignons.

Ajouter le fromage râpé et mélanger à nouveau.

Farcir les tomates de ce mélange.

Remettre les chapeaux et les huiler.

Faire cuire 15-20 min au four, thermostat 6 (180°).

Tomates des Abruzzes
(*Italie*)

Cuisson : 45 min

- 4 belles tomates
- 400 g de marrons au naturel
- 1 l de bouillon (volaille ou bœuf)
- 80 g de beurre
- 150 cerneaux de noix
- 100 g de champignons de Paris
- 20 olives vertes dénoyautées
- 1 œuf
- 1 cc de gingembre en poudre
- qqs brins de persil
- gros sel

Enlever un chapeau aux tomates. Les épépiner et les faire dégorger au sel 15 min.

Réserver séparément pulpe et jus.

Mixer les marrons en purée.

Hacher les noix, les champignons et le persil.

Les faire dorer au beurre. Les ajouter à la purée de marrons.

Hacher les olives. Mélanger olives et pulpe des tomates à l'ensemble. Mixer à nouveau en ajoutant si nécessaire un peu de jus de tomates.

Saler, poivrer. Saupoudrer de gingembre.

Mixer à nouveau en ajoutant l'œuf.

Farcir les tomates de cette purée et faire cuire 45 min au four, thermostat 7 (210°), après avoir mis une noisette de beurre sur chaque tomate.

Tomates farcies du chef

Cuisson : 45 min

- 4 belles tomates
- 125 g de veau à blanquette ou poulet rôti
- 125 g de jambon de Parme ou de Bayonne
- 3 échalotes
- 1/4 bqt de persil plat
- 1/4 bqt de ciboulette
- 3 brins d'estragon ou de coriandre
- 2 gousses d'ail
- qqs feuilles vertes de céleri ou d'oseille ou d'épinard
- 2 tranches de pain brioché ou de pain de mie
- 20 cl de lait
- 2 œufs
- huile d'olive
- muscade, thym

Couper le chapeau des tomates. Les épépiner et concasser la chair intérieure. Saler légèrement et les laisser égoutter 15 min.

Mettre à tremper le pain de mie sans croûte dans le lait.

Dégraisser totalement le veau ou le poulet et le couper en petits dés que l'on fera dorer ; les sécher.

Mixer les dés de viande, le jambon coupé en morceaux, les herbes, l'échalote, l'ail, la mie essorée et les jaunes d'œufs jusqu'à obtention d'une pâte homogène mais non d'une purée.

Mettre au fond de chacune des tomates un petit filet d'huile d'olive et remplir de farce sans trop tasser. Remettre les chapeaux.

Disposer les tomates dans un plat à four huilé, un petit filet d'huile d'olive sur chacune.

Faire cuire 45 min au four, thermostat 7 (210°).

Pain de tomates

Cuisson : 1 h 15

- 1 kg de tomates
- 5 œufs
- 1 oignon
- 1 gousse d'ail
- 1 branche de thym
- 1 petit bouquet de basilic
- huile d'olive

Peler les tomates, les concasser et les faire cuire quelques minutes dans leur jus.

Faire revenir l'oignon émincé dans de l'huile.

Ajouter les tomates, l'ail écrasé et le thym. Saler, poivrer.

Faire cuire doucement au moins 30 min jusqu'à ce que l'ensemble soit sec et confit.

Séparer les blancs des jaunes.

Battre les jaunes en omelette et les mélanger au basilic finement ciselé.

Faire monter les blancs en neige.

Mélanger le rougail de tomates et les jaunes. Introduire ensuite délicatement les blancs en neige.

Mettre au four, thermostat 6 (180°), au bain-marie, pendant 40 min environ.
Démouler le pain. Servir tiède ou froid, accompagné d'une salade verte.

Tomates en chemise

Cuisson : 25 min

- 4 belles tomates
- 3 gousses d'ail
- 2 cs de feuilles de basilic hachées
- 4 cs d'huile d'olive

Couper les tomates en deux diamétralement.

Les arroser d'un filet d'huile et les saupoudrer de basilic et d'ail haché.

Saler, poivrer. Reconstituer les tomates et les envelopper individuellement dans une feuille d'aluminium.

Cuire 25 min au four, thermostat 8 (240°).

Pizza à la napolitaine

Cuisson : 20-25 min

- 350 g de tomates
- 180 g de mozzarella
- 300 g de pâte à pain
- 4 cs d'huile d'olive
- 1 cc de basilic haché
- 1/2 cc d'origan en poudre
- 4 cs de parmesan râpé

Peler et épépiner les tomates. Les couper en rondelles.

Badigeonner d'huile un fond de pâte à pain (achetée chez votre boulanger). Garnir avec les tomates.

Saler, poivrer. Saupoudrer de basilic et d'origan.

Eparpiller les morceaux de mozzarella et saupoudrer de parmesan. Arroser d'huile et laisser reposer 30 min dans un endroit chaud. Faire cuire 15 min à four chaud (thermostat 7 ou 210°) puis 5 à 10 min à four moyen (thermostat 6 ou 180°).

Tomates à l'ancienne

Cuisson : 20 min
Attente : 15 min

- 4 belles tomates
- basilic, romarin, thym
- 1 cs de pain blanc râpé
- 1 gousse d'ail
- 1 cs de persil haché

Couper les tomates en deux diamétralement.

Les saler et laisser égoutter 15 min.

Les badigeonner d'huile sur la partie bombée extérieure et les griller à demi au four (thermostat 7 ou 210°).

Mélanger le pain râpé, l'ail pilé, le persil et les fines herbes.

Poivrer. Saupoudrer les tomates et finir de les griller.

Tarte arlésienne

Cuisson : 30 min
Attente : 30 min
Pour 6 personnes

- 800 g de tomates ou d'olivettes
- 150 g de tomates cerises
- 250 g de farine
- 100 g de beurre
- 50 g de parmesan râpé
- 1 cs d'herbes de Provence
- 1 cs de basilic
- huile d'olive

Verser la farine dans un saladier.

Ajouter le beurre coupé en dés, 2 cuillerées à soupe d'huile, les herbes. Saler. Incorporer rapidement et lier avec 5 cl d'eau.

Réserver au frais 30 min, enveloppé dans un film étirable.

Peler les tomates. Les couper en deux diamétralement et les presser légèrement pour en extraire graines et jus.

Les saler et les égoutter sur du papier absorbant.

Foncer un moule de pâte et saupoudrer de parmesan.

Disposer les grosses tomates côté bombé en dessus.

Combler les espaces avec des tomates cerises.

Saler. Arroser d'huile.

Faire cuire 30 min au four, thermostat 6 (180°).

Servir tiède ou froid, parsemé de basilic haché.

Gratin au pain suédois et mozzarella

Cuisson : 15 min

- 800 g de tomates
- 1 gousse d'ail
- 400 g de mozzarella
- 4 tranches de pain suédois
- 60 g de beurre
- 2 cs de persil plat haché
- 2 cs de basilic haché
- 1/2 cc d'herbes de Provence

Peler les tomates et les couper en tranches.

Egoutter la mozzarella et la couper en rondelles.

Ecraser l'ail et le mélanger aux fines herbes.

Réduire le pain suédois en chapelure et le mélanger au beurre ramolli.

Dans un plat à gratin beurré, étendre une couche de tomates en les superposant légèrement.

Saler, poivrer. Saupoudrer d'herbes à l'ail.

Recouvrir d'une couche de mozzarella.

Poivrer.

Recommencer et terminer par une couche de mozzarella.

Ajouter le beurre mélangé à la chapelure de pain suédois.

Faire gratiner 15 min au four, thermostat 7 (210°).

Soufflé de tomates
à la sauge

Cuisson : 45 min

- 1 kg de tomates (olivettes)
- 3 jaunes d'œufs
- 8 blancs d'œufs
- 2 gousses d'ail
- 100 g de parmesan râpé
- 6 feuilles de sauge
- 1 cc de concentré de tomates
- 3 cs d'huile d'olive
- herbes de Provence
- 1 cs de maïzena
- 1 cc de sucre roux
- piment de Cayenne en poudre

Peler les tomates, les épépiner et les concasser.

Huiler un moule à manqué et saupoudrer avec la moitié du parmesan.

Dans une casserole, faire revenir les échalotes émincées dans l'huile sans les colorer. Ajouter les tomates, les gousses d'ail coupées en morceaux, le sucre et le concentré de tomates.

Saler, poivrer. Ajouter une pincée d'herbes de Provence.

Cuire à feu doux jusqu'à évaporation de l'eau rendue.

Mixer puis faire dessécher en remuant sans cesse.

Ajouter la maïzena. Laisser tiédir.

Ajouter à la fondue de tomates les jaunes d'œufs, le parmesan restant, la sauge finement émincée et les blancs battus en neige avec sel et piment de Cayenne.

Faire cuire 30 min au four, thermostat 7 (210°).

Les olivettes, peu aqueuses, sont les tomates idéales pour cette recette. En cas d'utilisation d'autres tomates, bien réduire la purée.

Terrine de tomates à la grecque

Cuisson : 25 min
Attente : 1 + 4 h
Pour 6 personnes

- 1 kg de tomates
- 200 g de fromage de chèvre
- 10 cl de vin blanc sec
- 15 cl de crème fraîche
- 6 feuilles de gélatine
- 6 brins de basilic
- 6 brins de ciboulette

Peler les tomates, les épépiner et les concasser finement.

Leur faire perdre leur eau 15 min à feu doux.

Ramollir 4 feuilles de gélatine dans de l'eau froide puis les faire fondre dans le vin porté à ébullition.

Mélanger tomates et vin blanc.

Mouiller un moule à cake. Le tapisser d'un film étirable, verser la moitié de la préparation. Réserver au réfrigérateur 1 h.

Pendant ce temps, gratter la croûte du fromage et le détailler en petits dés. Chauffer la crème et la mélanger à la gélatine restante, au préalable ramollie dans de l'eau froide. Mixer le mélange et ajouter basilic et ciboulette ciselés.

Etaler une couche de fromage sur la couche de tomates et recouvrir avec une nouvelle couche de tomates.

Réserver 4 h au frais.

Démouler sur lit de salade et servir aussitôt.

Quiche
à la tomate

Cuisson : 40 min

- 350 g de tomates
- 6 filets d'anchois à l'huile
- 4 œufs
- 2 dl de crème
- 80 g de gruyère râpé
- 100 g de gruyère coupé en lamelles
- pâte sablée
- haricots secs ou cailloux

Peler les tomates. Couper en quartiers, saler et laisser dégorger au maximum (20 min).

Foncer un moule à tarte de pâte sablée. Couvrir de haricots secs ou de cailloux pour empêcher le boursouflement et faire cuire 10 min au four, thermostat 7 (210°).

Couper les anchois en petits morceaux.

Dans un saladier, battre les œufs avec la crème, le beurre fondu et le gruyère râpé. Poivrer.

Retirer la pâte du four et la garnir avec les quartiers de tomates égouttés, les anchois et les lamelles de gruyère.

Recouvrir avec la préparation aux œufs.

Faire cuire la quiche au four, thermostat 6-7 (200°),
pendant 25 à 30 min.

Servir chaud.

Gratin à la tomate *(Moyen-Orient)*

Cuisson : 35 min

- 500 g de tomates
- 250 g de graines de couscous
- 2 feuilles de laurier
- 150 g de gruyère râpé
- 2 dl d'huile d'olive

Mettre les graines de couscous dans un saladier.

Arroser avec 2 dl d'huile d'olive et 2 dl d'eau chaude salée. Mélanger. Laisser gonfler 5 min en remuant légèrement.

Peler les tomates, les épépiner et les concasser grossièrement. Les faire revenir à l'huile avec le laurier jusqu'à obtention d'une purée épaisse.

Dans un plat à gratin beurré, alterner couches de couscous, de tomates et de fromage râpé, en commençant par le couscous et en finissant par du fromage. Faire gratiner au four, thermostat 7 (210°), pendant 20 min.

Tomates à la crème

Cuisson : 15 min

- 4 belles tomates
- 2 échalotes
- 100 g de crème fraîche
- 50 g de beurre
- 1 petit bqt de ciboulette
- 1/2 bqt d'estragon
- huile d'olive

Couper les tomates en deux diamétralement. Les faire cuire à l'huile d'olive avec les échalotes émincées. Saler, poivrer.

Placer les tomates dans le plat de service.

Lier la sauce de cuisson avec la crème, sans faire bouillir, et verser sur les tomates.

Saupoudrer d'estragon et de ciboulette finement ciselées.

Tomates au four au pain de seigle

Cuisson : 40 min

- 4 belles tomates
- 2 échalotes
- 2 gousses d'ail
- 1 branche de céleri
- 3 cs de basilic effeuillé
- 1 cs de persil
- 2 cs de cassonade
- 30 g de pain de seigle
- huile d'olive

Peler les tomates, les épépiner et les concasser grossièrement.

Faire revenir échalote, céleri et ail, finement hachés, dans de l'huile d'olive. Ajouter 2 cuillerées à soupe de basilic.

Mélanger et faire cuire 5 min. Quand le céleri est tendre, ajouter les tomates et continuer la cuisson cinq autres minutes.

Couper les tranches de pain de seigle en carrés de 2 cm.

Quand les tomates sont molles, ajouter cassonade et carrés de pain. Mélanger.

Etendre le mélange dans un plat à gratin beurré.

Faire cuire au four, thermostat 5-6 (170°), pendant 35 à 40 min.

Quand le dessus est devenu croustillant, ajouter basilic ou persil ciselé.

Tomates poêlées au vin rouge

Cuisson : 30 min

- 4 belles tomates
- 2 gousses d'ail
- 100 g de chapelure
- 1 tranche de jambon de pays
- 1 cc de sucre
- persil
- 20 cl de vin rouge
- huile d'olive

Couper les tomates en deux diamétralement. Les faire dorer dans de l'huile, d'abord côté chair, puis côté peau.

Saler, poivrer. Saupoudrer d'ail écrasé, de persil haché, de sucre, du jambon coupé en petits dés et de chapelure.

Arroser avec le vin rouge et laisser mijoter 15 min à couvert.

Mettre à four chaud, thermostat 8 (240°), pendant 10 min.

Chutney de tomates aux pommes et aux airelles

Cuisson : 20 min

- 500 g de tomates
- 250 g d'échalotes
- 3 pommes granny
- 1 dl de vin rouge vieux
- 200 g d'airelles
- 1 cc de graines de moutarde
- 1 gousse d'ail
- 100 g de sucre roux

Peler les tomates, les épépiner et les concasser.

Emincer finement ail et échalotes.

Eplucher et épépiner les pommes.

Les couper en morceaux.

Mettre tomates et pommes dans le vinaigre et porter à ébullition.

Ajouter les airelles égouttées, les graines de moutarde, le sucre.

Saler, poivrer.

Faire réduire en remuant régulièrement jusqu'à consistance d'une pâte confite.

Conserver au réfrigérateur.

A servir avec des viandes froides ou une fondue bourguignonne.

Confiture de tomates

Cuisson : 1 h 30
Pour 5 pots

- 1 kg de tomates très mûres
- 1 kg de sucre
- 2 verres d'eau
- 4 zestes de citrons

Peler les tomates. Les épépiner.

Enlever la chair et la couper en morceaux. Mettre le sucre à fondre dans l'eau sur feu très doux en remuant souvent. Ajouter les zestes.

La confiture est cuite quand le liquide fait la “ perle ” à la cuillère (il vaut mieux que la confiture soit trop cuite que pas assez).

Confiture de tomates à la vanille

Cuisson : 2 h
Pour 5 pots
1,250 kg de tomates

- 1 kg de sucre
- 1 gousse de vanille

Peler les tomates, les épépiner et les concasser.

Ajouter le sucre et la vanille fendue en deux.

Porter lentement à ébullition et laisser cuire 2 h.

Retirer la vanille et mettre en pots.

Les fermer et les retourner aussitôt.

Confiture de tomates aux pommes

Cuisson : 50 min
Pour 5 pots

- 1 kg de tomates fermes
- 350 g de pommes
- 1 kg de sucre
- 2 verres d'eau
- 1 zeste de citron
- 1 clou de girofle
- 1/2 cc de cannelle

Peler les tomates. Les couper en quartiers. Les épépiner au maximum.

Peler les pommes. Les couper en petits dés. Les arroser de jus de citron pour qu'elles ne noircissent pas.

Verser les tomates et le sucre dans la bassine à confiture. Ajouter zeste, cannelle et clou de girofle.

Faire cuire doucement environ 30 min jusqu'à ce que la confiture épaississe. Ajouter les pommes. Continuer la cuisson 20 min environ en remuant pour que la confiture n'attache pas.

Remplir les pots, les fermer et les retourner.

Confiture de tomates vertes et de melon d'eau

Cuisson : 1 h
Attente : 12 h + 4 h
Pour 10 pots

- 500 g de tomates
- 1 kg de melon d'eau
- 3 petits citrons
- 2 oranges
- 1 kg de sucre

Lever les zestes des agrumes puis presser leur jus.

Détailler les zestes en fines lanières.

Egrainer melons et tomates et couper leur chair en petits dés.

Mélanger dans un plat en verre ou en plastique (non en métal) melons, tomates, jus des agrumes, zestes et sucre. Laisser macérer une nuit.

Dans une bassine à confiture, porter la préparation à ébullition pendant une demi-heure. Eteindre et laisser reposer 4 h.

Reprendre la cuisson à ébullition jusqu'à épaississement désiré et couleur dorée.

Verser la confiture brûlante dans les pots. Les fermer et les retourner aussitôt.

Conserve de tomates aux herbes

Cuisson : 15 min - Pour 1 bocal de 1 litre

- 1 kg de tomates
- 1 gousse d'ail
- 1 brin d'estragon ou de thym ou de basilic ou de romarin
- 1 cs de baies roses
- 1/2 cs de sucre
- 15 g de gros sel de Guérande

Ebouillanter les bocaux et les retourner pour égouttage.

Peler les tomates. Les laisser entières.

Porter à ébullition 50 cl d'eau. Ajouter le gros sel, l'ail émincé, les herbes aromatiques, les baies et le sucre. Laisser frémir 5 min.

Mettre les tomates dans ce bouillon et laisser cuire 2-3 min. Répartir tomates et bouillon dans les bocaux, à 2 cm des bords. Fermer hermétiquement. Retourner les bocaux et laisser refroidir. Réserver dans un endroit sombre et frais.

Tomates vertes au gingembre

Cuisson : 5 min - Pour 1 bocal de 1 litre

- 500 g de tomates vertes
- 1 morceau de gingembre frais (4 cm)
- 1/2 l de vinaigre de vin
- 250 g de sucre roux
- 2 cs de poivre noir en grains
- 1 bâton de cannelle

Peler les tomates, les couper en quatre et les épépiner. Les ranger dans le bocal avec le gingembre coupé en tranches fines

Mélanger le vinaigre de vin, le sucre, le poivre, le bâton de cannelle et porter à ébullition. Maintenir 5 min.
Retirer la cannelle et verser le liquide chaud sur les tomates. Fermer le bocal. Réserver ensuite au réfrigérateur.

Se conserve deux mois environ.
A servir avec du pain syrien.

Tomates
façon pickles

Cuisson : 15 min
Pour 1 bocal de 1 litre

- 1 kg de tomates cerises
- 1 gousse d'ail
- ¼ de cœur de céleri branche
- 5 petits oignons blancs
- 1/2 cc de graines de moutarde
- 1/2 cc de sucre
- 15 g de gros sel de Guérande
- 5 cl de vinaigre de cidre

Egrapper les tomates.

Porter à ébullition 50 cl d'eau. Ajouter le gros sel, l'ail émincé, le cœur de céleri concassé, les oignons coupés en rondelles et le sucre. Laisser frémir 5 min.

Mettre les tomates dans ce bouillon et laisser cuire 2-3 min.

Répartir tomates et bouillon dans les bocaux, à 2 cm des bords. Fermer hermétiquement. Retourner les bocaux et laisser refroidir. Réserver dans un endroit sombre et frais.

A servir à l'apéritif.

fin

Achevé d'imprimer en Italie par
G.Canale & C. S.p.A. - Borgo S. Dalmazzo (CN)
pour le compte des Éditions Le Sureau

Dépôt légal mai 2004